Anton Friedrich Büsching

Chronologischer Grundriß der allgemeinen Weltgeschichte

Anton Friedrich Büsching

Chronologischer Grundriß der allgemeinen Weltgeschichte

ISBN/EAN: 9783743325951

Hergestellt in Europa, USA, Kanada, Australien, Japan

Cover: Foto ©ninafisch / pixelio.de

Manufactured and distributed by brebook publishing software (www.brebook.com)

Anton Friedrich Büsching

Chronologischer Grundriß der allgemeinen Weltgeschichte

D. Anton Friedrich Büschings,
Kön. Preuß. Oberconsistorialraths, auch Directors des
Gymnasii im grauen Kloster zu Berlin,

Chronologischer Grundriß

der

allgemeinen

Weltgeschichte,

zum

Gebrauch der Gymnasien.

Zweyte Auflage.

Berlin und Leipzig, 1771.

Vorrede.

Dieser Grundriß, ist zum erstenmal 1767, und zwar auf einem Bogen also gedruckt worden, daß die sechs Tausende der Jahre der Welt, in fünf Columnen neben einander stunden, um desto leichter übersehen werden zu können. Dieses war allerdings bequem, es konnten aber die Schüler diese chronologische

Tafel nicht gut mit sich führen, zumal wenn sie auf Pappe geklebet war. Da nun die erste Auflage, welche bloß für das unter meiner Aufsicht stehende Gymnasium, und die von demselben abhangende Schulen, bestimmt gewesen, schon lange abgegangen ist und gefehlet hat: so habe ich diesen chronologischen Grundriß der Universalhistorie, etwas erweitert, und zu einem Taschenbuch gemacht. Die Chronologie ist allemal die Grundlage der Historie, allein die Jahrzahlen werden nur alsdenn nach und nach dem Gedächtniß eingepräget, wenn sie durch merkwürdige Begebenheiten bezeichnet werden. Man muß also beyde beständig mit einander verbinden, und

die

Vorrede.

die studirende Jugend bald fragen, in welchem Jahre sich eine gewisse Begebenheit zugetragen habe? bald Zahlen von Jahren nennen oder an die Tafel schreiben, und erforschen, ob sie wisse, was in denselben merkwürdiges geschehen sey? Ich habe nach vielfältigen Versuchen gefunden, daß die ganze Weltgeschichte am bequemsten nach Millenariis abgetheilet werde. Sie zerfällt also in sechs Haupttheile. Von einem jeden wird erst ein allgemeiner Begriff gegeben, und alsdenn macht man die einzelnen großen Merkwürdigkeiten derselben bekannt. Es ist schon viel, wenn die Lehrlinge wissen, in welches Tausend der Jahre der Welt, eine gewisse grosse Begebenheit gehöre, und die genauere Bestimmung der Zeit, lernen sie nach und nach. Wenn die Lehrer, welche diesen Grundriß gebrauchen, die sechs großen Abtheilungen kenntlich gemacht, und eingeschärfet haben, fangen sie an, die Geschichte einzelner Staaten abzuhandeln. Sie finden den Anfang, die wichtigsten Veränderungen, und von den alten auch den Untergang derselben, unter ihren Jahrzahlen angeführet, und lehren ihre Schüler dieselben aufsuchen und nennen. Z. E. Die Perioden der römischen Geschichte, trift man unter den Jahrzahlen 3223. 3471. 3949. und nach Jesu Geburt, 395. 476. 800. und 1453. an. Die Perioden der alten Geschichte Egyptens, zeigen sich im zweyten Millenario, woselbst

Vorrede.

woselbst der Anfang des Reichs vorkomm̃t, und unter den Jahrzahlen 3447. 3627. 3653. Die Lehrer müssen sich die Geschichte der Staaten aus den besten historischen Werken entwerfen, und diesen chronologischen Grundriß dabey zum Leitfaden gebrauchen, der ihren Zuhörern hinlänglich ist, um sich von der Universalhistorie einen Begriff zu machen. Es müssen aber die Lehrer nicht irre werden, wenn sie finden, daß dieser Grundriß, von den historischen Werken, welche sie zur Hand haben, in Ansehung der Jahrzahlen und Meynungen, abweicht. Diese Unvollkommenheit der menschlichen Erkenntnis, ist nicht völlig zu heben. Ich halte in Ansehung der Geschichten vor des Herrn JEsu Geburt, D. Haubers biblische Zeitrechnung, für den besten Wegweiser, weil sie sich auf vieljährige und scharfsinnige Untersuchungen des gelehrten Manns gründet, und mit der heiligen Schrift am genauesten übereinstimmet. Gewisse einzelne historische Meynungen, welche sich in meinem Grundriß zeigen, sind in Büchern bestätiget worden, die hier anzuführen zu weitläuftig seyn würde. Das angehängte Register dienet dazu, daß Namen und Begebenheiten leichter gefunden werden können. Berlin, am 6ten April 1771.

Erstes Tausend
der Jahre der Welt,
welches den Anfang der Welt, die ersten merkwürdigen Menschen, und die ersten Künste zeiget.

Jahre der Welt. **Anfang der Welt.** Die ersten Stammeltern des menschlichen Geschlechts, Adam und Eva, werden von Gott erschaffen, und sündigen. 1 Mof. 1-3. Anfang des Ackerbaues. Kap. 3, 23.

2. Kain und Abel werden geboren. 1 Mof. 4, 1. 2.

129. Um diese Zeit wird Abel von Kain erschlagen. 1 Mof. 4, 8. 25. Kain begibt sich weiter gegen Morgen, in ein uns unbekanntes Land, und erbauet daselbst die Stadt Hanoch. Kap. 4, 16. 17. Seine Nachkommen erfinden die ersten Künste. Jabal fängt die Lebensart der herumziehenden Hirten, welche unter ihren Heerden in Gezelten wohnen, an: Jubal erfindet das Cithern und Harfenspiel: Tubal versucht alles zu hämmern, und wird ein Eisen- und Kupferschmidt. Kap. 4, 20-22.

130. Seth geboren. 1 Mof. 5, 3.
687. Methusalah geboren. 1 Mof. 5, 21.
930. Adam stirbt. 1 Mof. 5, 5.

Zweytes Tausend
der Jahre der Welt,

in welchen, nach der gänzlichen Verwüstung des Erdbodens, das menschliche Geschlecht von neuem anfängt sich auszubreiten, und die ersten Reiche entstehen.

Jahre der Welt.

1056. **Noah**, der zweyte Stammvater des menschlichen Geschlechts, wird geboren. 1 Mos. 5, 28. 29.

1536. Die allgemeine Ueberschwemmung der Erde, wird gedrohet, weil das menschliche Geschlecht, bis auf Noah nach, in völligen Unglauben gerathen war, und aus lauter Religions-Verächter bestund. 1 Mos. 6, 3.

1656. Sie erfolget wirklich. 1 Mos. 7, 11. 19. 20. und entweder kurz vor, oder in derselben, starb Methusalah, der Aelteste unter allen Menschen. 1 Mos. 5, 27.

J.d.Welt.

1657. Sie endiget sich. 1 Mof. 8, 13. Noah opfert, 1 Mof. 8, 20. und diesen gottesdienstlichen Gebrauch pflanzen seine Söhne, die Zeugen desselben, auf alle Völker des Erdbodens fort. Erfindung des Weinbaues, 1 Mof. 9, 20. Von Noah Söhnen, Japhet, (denn dieser ist der älteste 1 Mof. 10, 21.) Sem und Ham, kommen alle Völker des Erdbodens her, 1 Mof. 9, 19. 10, 32. Moses hat in seinem ersten Buch, Kap. 10. diejenigen Völker genannt, welche zu seiner Zeit den Israeliten, Egyptiern, und vielleicht auch den Phöniciern, bekannt waren. Dieses Capitel enthält Namen von Personen, Völkern, Ländern und Städten.

1657. (Bürgerliche) Zertheilung der Erde, (und ihrer Einwohner.) 1 Mof. 10, 25.

Die

Jahre der Welt.

1757.

Die Nachkommen Noah redeten anfänglich einerley Sprache und Mundart, 1 Mos. 11, 1. wünschten auch unbedachtsamer weise, ein einziges Volk zu bleiben, und in einer bürgerlichen Gesellschaft beysammen zu leben. v. 4. Gott aber, der den ganzen Erdboden bewohnt haben wollte, zerstreuete sie nach seiner weisen Güte dadurch, daß er durch ein Wunderwerk plötzlich mehrere ganz verschiedene Sprachen unter ihnen entstehen ließ, daß einer den andern nicht verstehen konte, dadurch sie veranlasset und genöthiget wurden, sich in verschiedene Völker und Gegenden des Erdbodens zu vertheilen. v. 6-9. Dies ist der Grund und Anfang des noch fortdaurenden Unterschieds der gänzlich verschiedenen Sprachen, den sonst kein Geschichtschreiber, als Moses, angiebet.

Um diese Zeit, oder doch nicht lange hernach, entstunden die ersten Reiche auf dem Erdboden.

1) Das

der Jahre der Welt.

Jahre der Welt.

1) Das erste, nemlich das Babylonische stiftete ein Aethiopier, von den Nachkommen Hams, dessen rechter Name unbekannt ist, den man aber, nachdem er der erste gewesen, welcher sich durch Gewalt über andere zum Herrn aufgeworfen, aus Haß Nimrod, das ist, einen Tyrannen, genennet hat. Zu dieser Gewaltthätigkeit, kam er durch die Jagd. Sein Königreich, bestund im Anfang, aus den Städten Babel, Erech, (Edessa) Accad, (vielleicht Nesibis) und Calne, (Ctesiphon) im Lande Schinear, (Sindschar) zwischen den Strömen Tiger und Euphrat (s. meine Erdbeschreibung Th. 5. S. 218. 219.) 1 Mos. 10, 8=10. Aus diesem Lande, man weiß nicht, ob mit oder wider Willen Nimrods? gieng aus

2) ein gewisser Assur, (vielleicht Sems Sohn, 1 Mos. 10, 22.) stiftete jenseit des

Jahre des Tigers das von ihm benannte
der Welt. Aſſyriſche Reich, und bauete die Städte, Ninive, Rachoboth, (vielleicht Adiabene,) Calach und Reſen, welche letzte zur Zeit Moſis die gröſte unter dieſen vier Städten war, 1 Moſ. 10, 11. 12. Ninive aber hat dieſen Vorzug ſpäter bekommen. Ein Beweis des hohen Alters des erſten Buchs Moſis.

3) **Egypten.** Der Stifter deſſelben wird Menes genannt, und iſt vermuthlich Noah jüngſter Sohn Ham geweſen, denn von dieſem kommen Mizraim, das iſt, die Egyptier, her, 1 Moſ. 10, 6. und Egypten wird das Land Hams genannt. Pſ. 105, 23. 27. Ungeachtet das Reich heftige Anfälle von auſſen, und ſtarke innere Unruhe erfahren, hat es dennoch unter beſonderen Königen, von welchen Seſoſtris, Rhemphis, Pſammitichus, Nechus und Amaſis die merkwürdigſten ſind, ſich erhalten, bis es Cambyſes zuerſt unter des perſiſchen Reichs Oberherrſchaft gebracht. ſ. J. 3447. Während dieſes ganzen und langen Raums, haben die egyptiſchen Könige den Titel, Pharao, geführet. 1 Moſ. 12, 15.

Jahre der Welt. 41, 1. f. 2 Mof. 1, 11. 1 Kön. 3, 1. 2c. Die erstaunlichen Kunstwerke, welche einige egyptische Könige veranstaltet haben, sind zum Theil noch jetzt vorhanden, insonderheit die Pyramiden, das Labyrinth und die Grotten, unweit Theben.

Im 19ten Jahrhundert, erweiterte der assyrische König Ninus, sein Reich, und machte sich unterwürfig, die Babylonier, die Meder, (welche von Japhet abstammen, 1 Mof. 10, 2.) die Araber, (die ursprünglich theils von Canaan abstammende Amalekiter, theils eine Colonie der von Ham abstammenden Aethiopier, theils Nachkommen Joktans, eines Sohns Ebers, sind, 1 Mof. 10, 7. 26:30.) und andere benachbarte kleine Völker in Asien, mit ihren Landstrichen, welche Eroberungen seine Nachfolger weiter fortsetzten. Dieses sehr ansehnlich gewordene Reich, muß gut eingerichtet und regieret worden seyn, weil es sich in seiner Verfassung bis 3100. erhalten hat.

Drit=

Drittes Tausend
der Jahre der Welt,

in welches alle in der Bibel berühmte Leute gehören, die vom Abraham an, bis auf den König Salomo gelebt haben, in welchem auch auſſer dem Königreich der Juden, unterſchiedene kleinere Staaten in Griechenland und klein Aſia entſtanden ſind, und geblühet haben.

Jahre der Welt.

2008. **Abraham** wird geboren. 1 Moſ. 11, 26. 12, 4. Er war ein Chaldäer, wurde, vermuthlich von den Canaanitern, der Hebräer, das iſt, der Mann, der ienſeit des Euphrats hergekommen, genannt, und war zwar auch der Stammvater einiger Stämme der Araber, vornämlich aber der Juden.

2108. Sein Sohn Iſaac ward geboren. 1 Moſ. 21, 5.

J.d.Welt.

2168. Dieses Söhne, Esau, der Stammvater der Edomiter, in spätern Zeiten Idumäer genannt, und Jacob, der nächste Stammvater der Israeliten oder Juden werden geboren. 1 Mos. 25, 26. Der letzte hat 12. Söhne gehabt.

2276. Joseph. Jacobs Sohn, wird nach Egypten verkauft. 1 Mos. 37, 2. 28. gelanget aber daselbst zu hohen Ehren.

2298. Jacob ziehet nach Egypten. 1 Mos. 47, 9.

2369. Joseph stirbt. 1 Mos. 50, 26.

2433. Mose wird geboren. 2 Mos. 2, 1. 2. 10. 5 Mos. 31, 2. 34, 7.

2453. Josua wird geboren. Jos. 24, 29.

2513. Die Israeliten ziehen aus Egypten. 2 Mos. 12, 40.

J.d.Welt.

2553. Ende ihrer Reise durch die Wüste. Mose stirbt. 5 Mos. 34, 5.

2560. Austheilung des Landes Canaan unter die Israeliten. Jos. 14. 15.

Die **Canaaniter,** von denen das Land den Namen hat, und welche bey den Griechen **Phönicier** heissen, waren Nachkommen **Hams,** 1 Mos. 10, 6. 15=20. und einerley Volk mit den **Amalekitern.** Sie hatten zuerst in Arabien am arabischen Meerbusen, in dem nachmals so genannten **Edomiterlande,** oder **Joumäa,** gewohnt.

2572. **Athniel,** erster Richter der Israeliten. B. der Richt. 3, 9. 10.

2792. Troja wird von den griechischen Völkern, nach einer zehnjährigen Belagerung, zerstöret. Mit dieser Stadt gehet auch

Jahre der Welt. auch das von ihr benannte Reich unter, nachdem es von seinem ersten Könige Teucer an, ungefähr 300. Jahre gedauret hatte. Sowohl durch die Sieger als Ueberwundenen, sind, nach Zerstörung der Stadt, in verschiedenen Gegenden des Erdbodens Pflanzorte angelegt worden, welche diese Begebenheit in der Geschichte wichtig machen.

2910. Samuel, letzter Richter der Israeliten. 1 Sam. 7, 2. 3.

2948. Saul, ihr erster König. 1 Sam. 13, 1.

2950. David, ihr zweyter König. 2 Sam. 5, 4. 5. Er bringt die Moabiter, Ammoniter, (welche beyde Völker von Lot abstammten, und sich zuletzt unter den Arabern verloren,) Edomiter, Philister, (welche anfänglich Caphthoräer hieß-

Jahre der Welt. hiessen, 5 Mos. 2, 23. Jer. 47, 4. Amos 9, 7. und aus Egypten abstammeten,) und die **Syrer**, (Nachkommen **Sems**,) unter seine Botmäßigkeit.

2990. **Salomo**, wird König. 1 Kön. 2, 10-12. 1 Chron. 29, 26. 27. Unter seiner Regierung setzen sich die **Syrer** wieder in Freyheit, und es entstehet das **Königreich Damascus**.

Wärend dieses ganzen Tausend der Jahre der Welt, sind ausser den Reichen der oben genannten Völker, auch die im zweyten Tausend gestiftete Reiche, **Egypten** und **Assyrien**, berühmt gewesen. Die **Griechen** hat Moses schon gekannt, denn er nennet, 1 Mos. 10, 2. unter **Japhets** Nachkommen, **Javan** oder **Jon**, und **Thiras**,

das

das ist, die Thracier, er führet auch unter den Nachkömlingen von Javan oder Jon, Elisa an, welcher Name mit Hellas viel Aehnlichkeit hat, so daß wahrscheinlicherweise die Hellenen, oder die im besondern Verstande also genannten Griechen, darunter zu verstehen.

Die kleinen Staaten, welche in Griechenland und desselben Nachbarschaft nach einander entstanden, sind Sicyon, Aegialea oder Achaia, Argos, Attica, Böotien, Thessalien, Sparta oder Lacedämon, Athen, Arcadien, Corinth, Theben, Elis und Pisa, Aetolien, Mycenä und Epirus. In klein Asia waren, ausser dem oben genannten Troja, noch Phrygien, Lydien, Mysien und Cilicien.

Viertes Tausend
der Jahre der Welt,
in welchen die meisten vor Alters berühmt gewesenen Reiche entstanden, und wieder untergangen sind.

Jahre der Welt.

3030. Theilung des israelitischen Reichs Rehabeam, erster König in Juda. Jerobeam, erster König in Israel.

3093. Die phönicische Prinzeßin Dido erbauet die Stadt Carthago, d. i. Neustadt, welche nach und nach, durch Schiffarth, und Krieg, eine mächtige Republik wird, die des spätern Roms Eifersucht erreget.

3100. Um diese Zeit verlieren die Assyrer, mit ihrem König Sardanapal, die Oberherrschaft in Asia, welche Arbaces auf die Meder bringt, die seit dem 19ten Jahrhundert unter der Bothmäßigkeit der Assyrer gestanden hatten.

3170. Um diese Zeit nimmt das Reich Macedonien, mit dem ersten König Caranus, seinen Anfang.

der Jahre der Welt.

J. d. Welt.
3200. Um diese Zeit reissen sich die Assyrer von der Herrschaft der Meder wieder los, und machen von neuem ein unabhängiges Reich aus, welches sich die Reiche Babylonien, Syrien und Israel unterwürfig macht.

3223. Rom wird erbauet, hat bis 3471 Könige.

3257. oder 58. Ende des israelitischen Reichs, unter dem König Hosea, 2 Kön. 18, 10.

3350. Das babylonische Reich entreisset sich unter Nabopolasser der Botmäßigkeit der Assyrer, wird unabhängig, und durch neue Eroberungen ansehnlich.

3369. Die Juden gerathen in die babylonische Dienstbarkeit.

3388. Um diese Zeit gehet das zweyte große assyrische Reich unter, und wird dem Medischen von neuem einverleibet.

B 4 Der

J.d.Welt. Der babylonische Monarch, Nebucad-
3390. nezar, erobert Jerusalem, und macht dem jüdischen Reich ein Ende, Jerem. 39, 2. er bemächtiget sich auch der Reiche der Moabiter und Ammoniter.

3416. Cyrus erhebet Persien zu einem unabhängigen Reich, indem er dasselbige von der Herrschaft der Meder befreyet. Er erobert auch das Königreich Lydien.

3438. Cyrus und seiner Mutter Bruder, der medische König Darius oder Cyaxares II. erobert die Stadt und das Königreich Babylon. Dan. 5, 28. 31. 6, 28. und die babylonische Dienstbarkeit der Juden höret auf. 2 Chron. 36, 22. Esra 1. Dan. 9, 23. Nach Cyaxares Tode wird auch Medien dem persischen Reich einverleibet.

Cam-

der Jahre der Welt.

J.d.Welt.
3447. Cambyses wird König in Persien, heißt Esrä 4, 6. Ahasverus. Nach einigen Jahren erobert er Egypten, welches zwar von dieser Zeit an, unter die Herrschaft der Perser kommt, sich aber einmal nach dem andern wider dieselbige, empöret

3471. Rom schaft die königliche Regierung ab, und wird eine Republik.

3491. Xerxes, König in Persien, tritt seine Regierung an. Seine großen Unternehmungen wider die Griechen, laufen unglücklich ab.

3627. Egypten wird dem persischen Reiche unter dem König Ochus, einverleibet.

3644. Der macedonische König Philip, ein Herr von großen Eigenschaften, erwirbt sich die Oberherrschaft über alle griechi-

Jahre der Welt.

sche Völker, welche ihn zu ihren Oberfeldherren erklären. Deſſelben Sohn und Nachfolger, König Alexander der Große, wird

3645. auch dafür erkläret, worauf er

3647. wider den perſiſchen König Darius Codomannus, zu Felde ziehet, ihn in 3. Feldſchlachten überwindet, und Meiſter und Herr vom ganzen perſiſchen Reich wird, auch ſeine Eroberungen noch weiter ausdehnet, aber ſchon

3653. ſtirbt. Sein Reich, dazu ein Theil von Europa und Afrika, und ein großer Theil von Aſien, gehöret, wird nach ſeinem Tode in unterſchiedene Königreiche vertheilet, welche nach einander unter die Botmäßigkeit der Römer kommen nemlich: Macedonien, Egypten, Syrien, Pontus, Pergamus, Bithynien, Paphlago-

der Jahre der Welt.

Jahre der Welt. lagonien, Cappadocien, Galatien, Groß-Armenien und Klein-Armenien.

Die achte chinesische Zeitrechnung, gehet nicht bis auf Alexanders Zeit hinauf, und der Anfang des Reichs China ist unbekannt.

3725. Arsaces, Stifter des mächtigen parthischen Reichs, welches die Römer nicht haben bezwingen können.

3830. Die Römer erobern und zerstören Carthago.

3949. Augustus, erster römischer Kaiser.

3973. Jesus, der Heiland der Welt, wird geboren, zu der Zeit, da Herodes I. König der Juden, unter römischer Oberherrschaft war.

Hier sollte die christliche Jahrrechnung anfangen, sie fängt aber erst

3976. an

Fünf-

Fünftes Tausend
der Jahre der Welt,
in welchem unterschiedene der jetzigen europäischen Reiche entstanden sind.

Jahre der Welt.	Nach Chr.G.	
4003.	28.	Jesus fängt sein Lehramt an.
4006.	31.	Jesus fähret gen Himmel.
4045.	70.	Jerusalem wird von den Römern zerstöret.
4068.	93.	Untergang des Reichs der Hunnen in Asia, welches eins der ältesten auf dem Erdboden gewesen, dessen Geschichte aber erst 210. Jahre vor Christi Geburt zu einiger Gewißheit kommt.
4201.	226.	Artaxerxes bringt das Parthische Reich an die Perser, deren mächti-

Jahre der Welt.	Nach Chr. Geb.	
		mächtiges Reich im 7ten Jahrhundert von den Arabern erobert worden.
4305.	330.	**Constantin der Große**, erster christlicher römischer Kaiser, verlegt den römisch-kaiserlichen Wohnsitz nach Constantinopel.
4349.	374.	Um diese Zeit kommen die **Hunnen** zuerst aus Asia nach Europa.
4370.	395.	Kaiser **Theodosius** stirbt, nachdem er vorher das römische Reich unter seine beyden Söhne vertheilet hatte: **Arcadius** bekam den morgenländischen, **Honorius** den abendländischen Theil.

Im fünften Jahrhundert geschiehet eine große Wanderung deut-

Jahre Nach der Welt.	Chr. Geb.	
		deutscher Völker, durch welche das abendländische römische Kaiserthum zerstöret wird.
4390.	415.	Die **Westgothen** setzen unter ihrem König **Adolph** festen Fuß in Spanien, und stiften daselbst ein Königreich, für dessen ersten Monarchen **Dietrich** II. anzusehen ist.
4431.	456.	In dem uralten Königreich Tibet in Asien, stirbt die regierende königliche Familie aus, worauf sich viele kleine Könige aufwerfen, dadurch das Reich 334. Jahre lang sehr zerrüttet wird.
4451.	476.	Das abendländische römische Kaiserthum gehet mit dem letzten

Jahre der Welt.	Nach Chr. Geb.	
		ten Kaiser Romulus Augustus, zu Grunde.
4457.	482.	Clodowig stiftet das große fränkische Reich.
4477.	502.	In diesem Jahr regieret Goran, König in Schottland, welcher nach der Schotten Bericht, ihr 45ster König gewesen; hingegen die Engländer behaupten, daß damals die Schotten sich erst in Schottland niedergelassen, und daselbst diesen Goran zum ersten König gehabt hätten.
4597.	622.	Flucht (Hedschrah) des Arabers Mohamed, von Mecca nach Jatschreb oder Medina, von welcher die Moslemim, oder Anhänger seiner Lehre, ihre Jahrrech-

Jahre Nach der Welt. Chr.Geb. rechnung anfangen. Es ist der Stifter, nicht allein der von ihm benannten Religion, sondern auch des arabischen oder saracenischen Reichs, zu welchen ein großer Theil von Asia, der nordliche Theil von Afrika, und Spanien gehört hat. Das Oberhaupt desselben, wurde **Khalifah**, das ist, Statthalter und Nachfolger (Mohameds,) genannt.

4597. 622. Ingiald, König über Upland, bringt zwölf kleine schwedische Könige ums Leben, und beherrschet ganz Schweden, er ermordet sich aber aus Verzweiflung selbst, als **Jwar Widfarne** oder **Widfathmi** ihn bekriegt,

der

Jahre nach der Welt.	Chr. Geb.	
		der König über ganz Schweden und ganz Dänemark wird. Gebhardi setzt diese große Begebenheit, in die erste Hälfte des 7ten Jahrhunderts, Dalin in die 2te Hälfte des 8ten.
4637.	661.	**Moawijah**, Stammvater der Ommajjaden, bringt das Khalifat völlig an sich, und erblich an seine Familie.
4673.	697.	Erster **Doge von Venedig**.
4687.	711.	Erster Einfall der Araber in Spanien.
4725.	749.	**Abu'l Abbas Abdollah**, bringt das Khalifat an das Abaßidische Haus.
4731.	755.	Der fränkische König **Pipin**, schenkt der römischen Kirche das

Jahre nach der Welt	Nach Chr. Geb.	
		das Exarchat, und legt dadurch den Grund zu der weltlichen Herrschaft der Päbste in Italien.
4766.	790.	Tibet kommt unter die Herrschaft der Chinesen.
4776.	800.	Der fränkische König, Carl der Große, bekommt den Namen und die Würde eines römischen Kaisers im Occident.
4782.	806.	Die Genueser erobern Corsica, und ihre Macht wird von dieser Zeit an immer größer.
4804.	828.	Egbert, erster König von ganz England.
4818.	842.	Das große fränkische Reich wird unter Ludewigs I. Söhne vertheilet, und Deutschland und Frankreich werden besondere Reiche.
4831.	855.	Gorm, der alte, wird König, bezwingt alle kleine Könige in Däne-

der Jahre der Welt.

Jahre der Welt.	Nach Chr.Geb.	
		Dänemark, und stellet also die dänische Monarchie wieder her.
4838.	862.	Rurik, erster rußischer Großfürst, kommt nach Nowgorod.
4851.	875.	Harald, mit dem Zunamē Haarfagre, wird in diesem Jahr Monarch von ganz Norwegen.
4940.	964.	Der deutsche König, Otto der Große, bringt den Namen und die Würde eines römischen Kaisers an das deutsche Reich.
4973.	997.	Stephan, erster König zu Ungarn, welches Reich von den Ugern den Namen hat, die 898 an die Donau gekommen sind.
5000.	1024.	Um diese Zeit nahm Boleslaw den Titul eines Königs in Pohlen an, der nachher wieder aufhörte, aber 1295 von Premislaw erneuert wurde.

Sechstes Tausend
der Jahre der Welt,

in welchem unterschiedene der jetzigen Staaten in Europa und Asia, entstanden.

Jahre Nach
der Welt. Chr. Geb.

5116. 1130. Anfang des Königreichs beyder Sicilien, unter Roger II.

5108. 1132. Suercher, König des vereinigten schwedischen und gothischen Reichs.

5115. 1139. Anfang des Königreichs Portugal mit Alphonsus I.

In dem uralten Reich Japon oder Niphon, verlieren gegens Ende des 12ten Jahrhunderts, die Regenten aus der alten regieren-

Jahre nach der Welt. Chr. Geb.	
	gierenden Familie ihre Macht in bürgerlichen Dingen, und behalte seitdem und bis jetzt, nur als Oberpriester die Gewalt in gottesdienstlichen Dingen. Die bürgerliche Gewalt haben seit dieser Zeit, die obersten Feldherrn des Reichs an sich gezogen, und verwaltet.
5182. 1206.	Der **Chan Dschingis,** (d. i. der gröste,) ein Mogol, stiftet das große **Mogolische** oder **Tatarische** Reich in Asien, welches sich über den grösten Theil dieses Welttheils, und ein Stück von Europa erstreckt hat, aber nach seinem 1227. erfolgten Tode, zerstückt worden ist.

J.d.Welt. N.C.G.

5211. 1235. **Ringold,** erster Großfürst von **Litauen.**

5261. 1285. Die Tataren machen dem Saracenischen Reich, seinem vornehmsten Theil nach, oder dem Khalifat der Abassiden, ein Ende.

5240. 1264. Anfang des **Trapezuntischen Reichs,** unter Johanne Comneno.

5252. 1276. **Coblai Chan,** ein Enckel des Dschingischan, erobert **China,** (Dschina oder Sina) welches bis dahin lauter einheimische Regenten gehabt hatte, und stiftet einen neuen Regentenstamm.

5261. 1285. Der männliche Stamm der alten Könige von Schottland, gehet mit

der Jahre der Welt.

Jahre Nach
der Welt. Chr.Geb. mit Alexander III. aus, und Johann von Baillol wird König.

5275. 1399. Anfang des Otschmannischen oder so genannten türkischen Reichs.

5291. 1315. Die Eidgenossen errichten ein ewiges Bündniß mit einander.

5344. 1368. Die Mogolen werden wieder aus China vertrieben, und Tschu oder Hong-Wu, der sein Vaterland von ihnen befreyet, stiftet einen neuen Regentenstamm.

5346. 1370. Timur Beg oder Timur Leng, fängt an, in Asia ein sehr großes Reich zu stiften, welches aber

C 4 nach

Jahre Nach der Welt	Chr. Geb.	

nach seinem Tode wieder zerstückt wird.

5373. 1397. Vereinigung der drey nordischen Reiche zu Kalmar. Erik, König derselben.

5429. 1453. Untergang des griechischen oder morgenländischen römischen Kaiserthums, mit dem Kaiser Constantinus Paläogolus. Es kommt völlig an die Otschmannen.

5437. 1461. Ende des Trapzuntischen Reichs.

5455. 1479. Vereinigung der Reiche Castilien und Aragonien, aus welchen die jetzige spanische Monarchie

der Jahre der Welt.

Jahre Nach
der Welt. Chr. Geb.

chie bestehet, unterm König Ferdinand.

5462. 1486. Die Portugiesen entdecken und umschiffen zum erstenmal das Vorgebirge der **guten Hofnung**, worauf nachmals ihre erstaunliche Eroberungen in Asia und Afrika, und die große Schiffarth der Europäer überhaupt, gefolget, welche in dem Handel, in der Macht, und in den Sitten der europäischen Staaten, eine ungemein große Veränderung verursacht hat.

5468. 1492. Der vierte Haupttheil der Erde wird von **Christoph Colon** entdeckt, und nachmals **Amerika** genannt.

E 5   Ismael

Jahre Nach
der Welt. Chr. Geb.

5478. 1502. Ismael Schach oder Ismael Sofi, erobert Persien, und bringet dieses Reich auf seine Nachkommen.

5493. 1517. Anfang der Reformation durch Docter **Luthern**.

5504. 1528. Die Republik **Genoua** bekomt ihre jetzige Verfassung.

5506. 1530. **Humajun**, ein Nachkomm von Timur Beg, stiftet in Hindistan den Regentenstamm der sogenannten großen **Mogoln**.

5512. 1536. **Norwegen** wird mit **Dänemark** vereinigt.

5523. 1547. Iwan Wasiliewitsch, läßt sich zum Zaren und Großfürsten von ganz Rußland krönen.

Vereini-

Jahre Nach
der Welt. Chr. Geb.

5545. 1569. Vereinigung des Königreichs Polen und Großherzogthums Litauen, zu einem Staatskörper: In eben diesem Jahr, wird Cosmus I. erster Grosherzog von Toscana.

5555. 1579. Vereinigung der niederländischen Provinzen zu Utrecht.

5556. 1580. Von diesem Jahr an, setzen sich die Russen in Sibirien fest, und breiten nach und nach ihre Herrschaft durch dieses ungeheure Land, welches $\frac{2}{3}$ von Asia ist, aus.

5561. 1585. Die obersten Feldherren in Japon, erlangen nun eine ganz unumschränkte Gewalt über das Reich.

J.d.Welt N.C.G.
5586. 1610. Die Araber werden völlig aus Spanien verjagt.

5587. 1611. In Japon gelangt eine neue Familie zu der Würde eines weltlichen Oberhaupts.

5620. 1644. Die Mansuren erobern China, welches sie noch beherrschen.

5636. 1660. Friedrich der dritte, König zu Dänemark und Norwegen, wird ein unumschränkter Erbsmonarch.

5677. 1701. Friedrich, erster König in Preussen.

5682. 1706. Völlige und beständige Vereinigung der beyden Reiche England und Schotland, unter dem Namen Großbritannien.

Die

J.d.W.	N.C.G.	
5696.	1720.	Die königliche Würde kommt mit Sardinien an das herzogliche Haus von Savoyen.
5697.	1721.	Der **russische Zar, Peter der Große,** nimmt den Titul eines **Kaisers** an, und beherrschet ein Reich, dessen Größe über 300000 geographische Quadratmeilen beträgt.

Register.

Register.

	Seite
Abassidisches Khalifat fängt an S. 33. nimmt ein Ende	38
Abel geboren und erschlagen	9
Abraham	16
Abu'l Abbas Abdollah, Kahlif.	33
Accad, Stadt	13
Achaia	21
Adam und Eva	9
Adiabene, Stadt	13
Adolph, westgothischer König	30
Aegialea	21
Aethiopier Abstammung	15
Aetolien	21
Ahasverus	25
Alexander der große	26
Alphonsus I.	36
Amalekiter	15. 18
Amasis	14
Amerika entdeckt	41
Ammoniter	19. 24
Araber	

Register.

                              Seite

Araber Herkunft. 15. 16. 19. fallen in Spanien ein   33
    werden daraus verjagt   44
Arabisches Reich gestiftet. 32. nimmt seinem vornehmsten
    Theil nach ein Ende   38
Arbaces   22
Arcadien   21
Arcadius   29
Argos   21
Armenien, groß und klein,   27
Arsaces   27
Artaxerxes   28
Assur, Stifter des assyrischen Reichs   13
Assyrisches Reich gestiftet 13. Erste Städte desselben, ib.
    wird vergrößert 15. hat eine gute Verfassung, ib. 20.
    wird den Medern unterwürfig. 22. von neuem unab-
    hängig 23. gehet unter, ib.
Athen   21
Athniel   18
Athos   21
Augustus, römischer Kaiser   27

B.

Babylonisches Reich, ist das erste auf dem Erdboden 12.
    Stifter desselben wird Nimrod genennet 12. 13. Be-
    stund im Anfang aus 4. Städten, ib. wird dem assy-
    rischen Reich unterwürfig gemacht. 15. geräth von
    neuem unter desselben Bothmässigkeit 23. reisset sich
    von derselben los, und wird unabhängig und ansehn-
    lich, ib. wird dem medischen Reich einverleibet, ib.
Bailol, (Johan von) wird schottländischer König   39
Bithynien, Königreich   26
Boleslav, erster König in Polen   35
Böotien   21

C.

C.

	Seite.
Calach, Stadt	13
Calne, Stadt	13
Cambyses	14. 25
Canaaniter, wer sie gewesen?	18
Caphthorder	15
Cappadocien	27
Caranus	22
Carl der große	33
Carthago, erbauet 22. wird eine mächtige Republik, ib.	
von den Römern zerstöret	27
Castilien und Aragonien vereinigt	40
China	27. 33. 38. 39. 44
Cilicien	21
Clodowig stiftete das fränkische Reich	31
Coblai Chan	38
Constantin der große	29
Constantinus Paläologus	40
Constantinopel wird der römisch-kaiserliche Wohnsitz	29
Corinth	21
Corsica	34
Cosmus I.	43
Ctesiphon, Stadt	13
Cyaxares II.	24
Cyrus	24

D.

Dänemark,	33. 34. 42. 44
Damascus, Königreich	20
Darius, medischer König	24
— Codomannus, persischer König	26
David	19
Deutschland, wird ein besonders Reich	34
— erhält die römisch-kaiserliche Würde	35

Dido

Register.

	Seite
Dido	28
Dieterich II. erster gothischer Monarch in Spanien	30
Dschingis Chan	37

E.

Eber	15
Edessa, Stadt	13
Edomiter	17. 19
Edomiter-Land	18
Egbert	34
Egypten oder Egypter heißen Mizraim	14

Egyptisches Reich gestiftet 14. heißt das Land Hams, ib. lange Dauer desselben, 14. 15. 20. erstaunliche Kunstwerke daselbst 14. 15. wird von den Persern erobert 25 geräth ganz unter die Herrschaft derselben, ib. wird wieder ein besonderes Reich, 26. welches unter die Herrschaft der Römer kommt, ib.

Eidgenossen	39
Elis	21
Elisa	21
England	34. 44
Epirus	21

Erde erschaffen. 9. allgemeine Ueberschwemmung derselben 10 soll nach Gottes Absicht ganz bewohnt werden, 11. ihre Zertheilung, ib.

Erech, Stadt	13
Erik, König der drey nordischen Reiche	41
Esau	17
Euphrat	17
Exarchat, wird der römischen Kirche geschenkt	33

F.

Ferdinand, spanischer Monarch	41
Fränkisches Reich 31. Könige desselben 33. wird getheilt	34

Register

	Seite
Frankreich, wird ein besonderes Reich	34
Friedrich, der erste König in Preußen	44
— — dritte, König zu Dännemark und Norwegen	44

G.

Galatien, Königreich	27
Genoua wird mächtig, 34. bekomt seine jetzige Verfassung	42
Goran, König in Schottland	31
Gorm der alte	34
Gothen, Westgothen, errichten ein Reich in Spanien	30
Gothisches Reich mit dem Schwedischen vereinigt	36
Griechen	20. 21. 25
Großbrittanien	44
Großfürst von Rußland 34. von Litauen	38
Grotten in Egypten	15

H.

Ham, britter Sohn Noah, 11. einige seiner Nachkommen 12. 14. 18. Land desselben	14
Harald Haarfagre	35
Hebräer wird Abraham genannt	16
Hedschrah Mohammeds	31
Hellas	21
Hellenen	21
Hindistan kommt an die großen Mogoln	27
Herodes der erste	27
Hong Wu	39
Honorius Kaiser	29
Hosea König	23
Humajun	42
Hunnen, Reich derselben in Asien 28. kommen nach Europa	29

J.

Register.

J.

	Seite
Jacob, Stammvater der Juden	17
Jahrrechnung, christliche, wo sie anfangen sollte, und wirklich anfängt	27
Japhet ältester Sohn Noah	11. 15. 20
Japon	36. 43. 44
Japan	20. 21
Jdumäa	18
Jdumäer	17
Jerobeam	22
Jerusalem wird von den Römern zerstöret	28
Jesus gebohren, 27. Lehramt und Himmelfahrt	28
Ingiald, König über ganz Schweden	32
Johannes Comnenus	38
Joktan	15
Jon	20. 21
Joseph, Jacobs Sohn	17
Josua	17
Isaac, Abrahams Sohn	16
Ismael Schach oder Sofi	43
Israeliten, Abstammung 16. 17 ziehen aus Egypten Ende ihrer Reise durch die Wüste 8 Austheil. des Landes Canaan unter dieselben, ib. erster Richter derselben, 18. letzter Richter 19. erster König ib. Theilung ihres Reichs 22 Anfang des eigentlichen israelitischen Reichs, ib. Ende desselben	17 / 23
Juden, s. Israeliten	
Jüdisches Reich 22 Ende desselben 23 neuen jüdischen Reichs König Herodes	27
Iwan Wasiliewitsch	32
Iwar Widfarne, König über Schweden und Dännemark	33

K.

Kain	2
Kalmarische Union	40

Register.

	Seite
Khalifah	32
Khalifat gelangt an die Ommajjaden 33. an die Abaßiden ib. nimmt ein Ende	38.

L.

Labyrinth in Egypten	15
Lacedämon	21
Litauen Großherzogthum	38. 43
Lot	19
Luther fängt die Reformation an	43
Lydien	21. 24

M.

Macedonischen Reichs Anfang 22. wird sehr groß aber wieder klein, ib.	26
Mansuren	44
Meder stammen von Japhet ab, 15. werden den Assyrern unterwürfig, ib. erlangen die Oberherrschaft in Asia 22 verlieren dieselbige; machen aber doch noch ein unabhängiges Reich aus 23. verlieren Persien 24. gerathen unter desselben Bothmäßigkeit, ib.	
Menes, wer er vermuthlich gewesen?	13
Methusalah	9. 10
Mizraim	14
Moabiter	19. 24
Moawijah	33
Mogolisches Reich 33. 39. große Mogoln herrschen in Hindistan	42
Mohammed, Stifter einer neuen Religion und eines Reichs	31. 32
Mose wird gebohren 17. stirbt	18
Moslemim	32

Mycenä

	Seite
Mycenä	21
Mysien	21

N.

Nabopolassar	23
Nebucadnezar	24
Nechus	14
Nesibis, Stadt	13
Niederländischer Provinzen Vereinigung	43
Nimrod, Stifter des babylonischen Reichs 13. was dieser Name bedeute? ib.	
Ninive, Stadt	13. 14
Ninus, assyrischer König, macht grosse Eroberungen	15
Niphon, s. Japon.	
Noah 10. Söhne desselben 10. 11 Nachkommen reden anfänglich einerley Sprache, machen auch nur ein Volk aus 11. werden zerstreuet	12
Nordische Reiche vereinigt	40
Norwegen	35. 42. 44

O.

Ochus	25
Otschmannisches Reich	39. 40
Otto der grosse	35

P.

Päbstliche Herrschaft in Italien gegründet	33
Paphlagonien	26
Parthisches Reich nimmt seinen Anfang 27 kommt unter die Bothmäßigkeit der Perser	28
Pergamus, Königreich	26
Persien wird ein unabhängigs Reich 24. kommt unter die Bothmäßigkeit der Macedonier 26 wird ein mächtiges Reich 28. welches die Araber erobern 29. wird wieder ein besonderes Reich	42

D 3 Peter

	Seite
Peter der große, rußischer Kaiser	44
Philipp, macedonischer König	28
Philister	19. 20
Phönicier	18
Phrygien	21
Pipin	39
Pisa	21
Polen	35. 43
Pontus, Königreich	26
Portugal	36
Portugiesen machen grose Entdeckungen zur See, und Eroberungen in Asia und Afrika	41
Premislav, König in Polen	35
Preußen, ein Königreich	44
Pyramiden in Egypten	14

R.

Rechoboth, Stadt	13
Rehabeam	22
Reformation fängt an	42
Reiche, älteste auf dem Erdboden	12
Resen, Stadt	13
Rhemphis, König	14
Ringold	38
Roger der zweyte	36
Rom erbauet 22 hat Könige, ib. wird eine Republik	25
macht grose Eroberungen 26. 27 zerstöret Carthago	27
bekommt den ersten Kaiser, ib. wird in das morgenländ. und abendländische römische Reich getheilet	29
dieses gehet unter. 30. 41 jenes auch	40
Römischer Kaiser Titul kommt an die fränkischen Könige	34
an das deutsche Reich	35
Römische Kirche bekommt das Exarchat geschenkt	33
Rurik	34
Rußischen Reichs Anfang 34 bekommt Zaren 42 wird durch Sibirien vergrößert 43 bekommt einen Kayser	45

S.

S.

Salomo, König der Israeliten	20
Samuel, letzter Richter der Israeliten	19
Saracenisches Reich, s. arabisches Reich	
Sardanapalus	22
Sardinien kommt an das Haus Savoyen	45
Saul, König	19
Savoyen, (Haus von) erhält die Königliche Würde	45
Schinear, Land	13
Schottland	38. 39. 44
Schweden	32. 33. 36
Sem, Noah zweyter Sohn	11
Sesostris, König in Egypten	14
Seth	9
Sicilien beyder, Königreich	36
Sicyon	21
Sindschar, Land	13
Spanien wird von den Westgothen erobert 30 Araber Einfall in dasselbe 33 wird eine Monarchie	41
Sparta	21
Sprachen, verschiedene, wie sie auf dem Erdboden entstanden	11. 12
Stephan der erste, ungarischer König	35
Suercher	36
Sündfluth, s. allgemeine Überschwemmung	
Syrer, 20 werden von David bezwungen, ib. setzen sich wieder in Freyheit, ib. gerathen unter die Herrschafft des assyrischen Reichs 23 und des macedonischen 26 machen wieder ein besonders Reich aus, welches unter die Bothmäßigkeit der Römer kommt, ib.	

T.

Tatarisches Reich	37. 38
Teucer	19
Theben	21
Theodosius, Kaiser	29
Thessalier	21
Thiras	21
Thracier	20

Tibet

	Seite
Tibet	30. 34
Tigerstrom	13
Timur Beg oder Leng	39
Toscana	43
Trapezuntisches Reich	38. 40
Troja	18. 21
Trojanisches Reich	19
Tschu	39
Türkisches Reich	39. 40

U. V.

Ueberschwemmung, allgemeine, der Erde	10
Venedig, erster Doge dieser Republik	33
Ugern	35
Ungarn	35
Völker des Erdbodens kommen insgesamt von Noah Söhnen her 11. wie sie entstanden? 12. was vor welche Moses B. 1. Kap. 10. genannt? 11. große Wanderung deutscher Völker	29. 30
Utrechtische Vereinigung der niederländischen Provinzen	43

W.

Welt Anfang	9
Westgothen errichten ein Reich in Spanien	30

X.

Xerxes	25

Z.

Zar von ganz Rußland, erster	42